鉴往知来系列图书

悲剧的镜鉴

郭沫若《甲申三百年祭》品读

陈培永

编著

湖南人民出版社·长沙

本作品中文简体版权由湖南人民出版社所有。
未经许可，不得翻印。

图书在版编目（CIP）数据

悲剧的镜鉴：郭沫若《甲申三百年祭》品读 / 陈培永编著. --长沙：湖南人民出版社，2024.10
ISBN 978-7-5561-3241-6

Ⅰ. ①悲… Ⅱ. ①陈… Ⅲ. ①史评—中国—明代 ②李自成起义—研究 Ⅳ. ①K248.07 ②K248.301

中国国家版本馆CIP数据核字（2023）第076373号

悲剧的镜鉴：郭沫若《甲申三百年祭》品读
BEIJU DE JINGJIAN: GUO MORUO《JIASHEN SANBAINIAN JI》PINDU

编 著 者：陈培永
出版统筹：黎晓慧
产品经理：曾汇雯
责任编辑：陈 实 曾汇雯
责任校对：张命乔
装帧设计：萧睿子 陶迎紫

出版发行：湖南人民出版社［http://www.hnppp.com］
地　　址：长沙市营盘东路3号　邮　编：410005　电　话：0731-82683348

印　　刷：深圳市彩之美实业有限公司
版　　次：2024年10月第1版　　　　　　　印　次：2024年10月第1次印刷
开　　本：710 mm × 1000 mm　1/32　　　印　张：4.75
字　　数：58千字
书　　号：ISBN 978-7-5561-3241-6
定　　价：40.00元

营销电话：0731-82683348（如发现印装质量问题请与出版社调换）

总　序

摆在读者面前的这套"鉴往知来"图书，力求使近代以来中国思想史上的经典学术作品重装呈现，让这些作品与我们的时代、我们的社会、我们的生活亲密接触。作为总序，我想写三句话给读者也给自己以交代。

所选确为佳作。这套书首先是经典作品推介，担负着为今天的读者荐文鉴书的重任。它选取的是中国近现代思想史上的名家名作，这些作品有可能众所周知，有可能被偶尔提及，有可能很多人只知其一，有可能想看却无从查阅。我们要做经典作品整理的工作，用系列图书的方式将它们整合起来。入选的作品，得是值得典藏的、可读性强的或者是影响历史走向的名作，是有特定时代标记但又超越那个时代在今天依然值得阅读的力作，是短小精湛、以小博大而非大部头的佳作。

所写皆要可读。在每部作品前面，附上一万字左右的品读文字，什么样的解读才配得上即将出场的作品？这个问题我想了很久，总体的考量是：围绕一个主题、一个框架展开；对原文重要段落、核心观点进行深度解读；写我们这个时代的事，拉近历史、思想与现实的距离；文风真诚简约，不写大话空论，避免过度诗情画意。我希望的是，立足当下，以往为鉴，写给未来，借由短段、金句、精读、感悟，以清新之文风写时代之话语，写出围绕经典又能脱离经典可以独立阅读的作品，如果能打造出写经典的经典，就再好不过了。

所期能够长久。这套书应该有多少本？这个事情能否成为事业？还没有答案。我是有私心的，想通过做这套书，逼着自己去阅读尽可能多的名家作品，在与它们的对话中进一步夯实自己的学术地基。因此，这套书是为了学术理想而做，是为了让自己的学问能够持续下去而写。以学术为志业，都应该有学术理想，只不过学术理想不是想有就能有的，往往是在坚持不懈的学术创作中渐渐生成、逐步实现的。我希望通过出版社和自己以及团队的努力，让这套书持续做下去，在自己的书柜上占据越来越大的地方。

盼望有越来越多的读者愿意选择这套书来读，将它们摆在案头、放在床边、带在出差的飞机或火车上、翻阅在舒服的沙发里……这才是这套书持续做下去的不竭动力。

文字虽少，写我衷心。是为序。

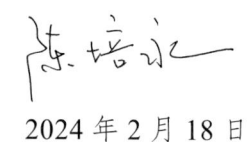

陈培永

2024年2月18日

目录

品读

悲剧的镜鉴 001
（陈培永）

一、祭文为何而作? 005

二、崇祯的悲剧：想有为与真有为并不是一回事 012

三、李自成的悲剧：没有坚持到底的成功注定是
令人遗憾的失败 018

四、李岩的悲剧：为何值得永远回味? 025

五、这部作品值得永远读下去 032

原文

甲申三百年祭　　　　　　　　　039
（郭沫若）

《剿闯小史》跋　　　　　　　　107
（郭沫若）

关于李岩　　　　　　　　　　　113
（郭沫若）

《历史人物》序（节选）　　　　119
（郭沫若）

甲申事变——明末亡国的历史　　125
《新华日报》

转载《甲申三百年祭》编者按　　135
《解放日报》

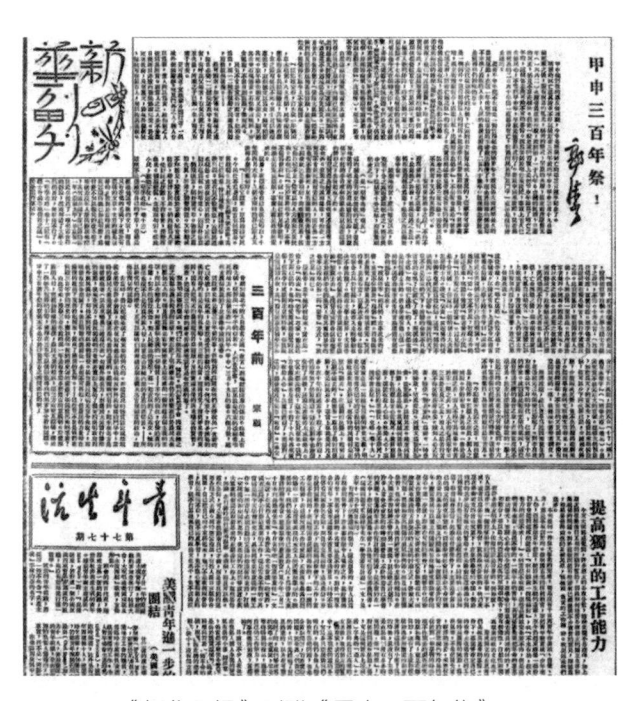

《新华日报》刊登《甲申三百年祭》一

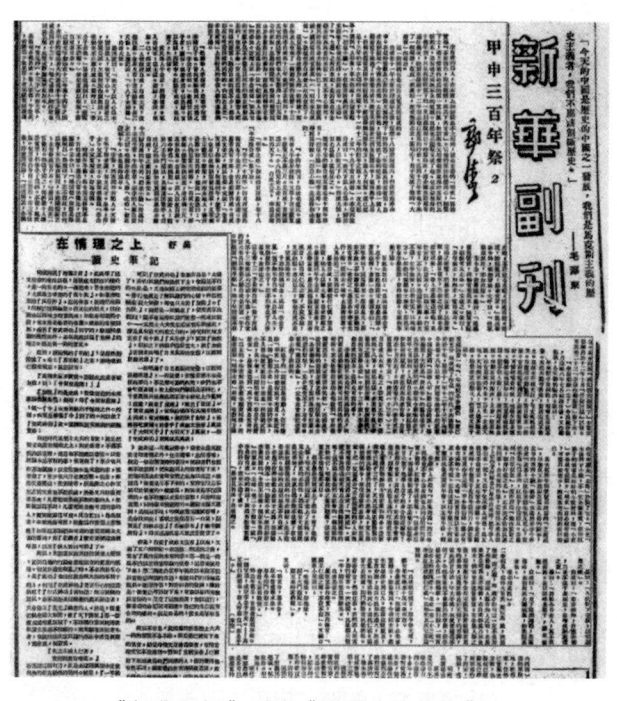

《新华日报》刊登《甲申三百年祭》二

《新华日报》刊登《甲申三百年祭》三

《新华日报》刊登《甲申三百年祭》四

悲剧的镜鉴

善住如来系列图书

《甲申三百年祭》是一篇祭文。祭文，应该包括祭人之文和祭事之文。

祭人之文，是为祭奠死者而写的哀悼文章，主要是为了追念死者生前主要经历，或颂扬品德业绩，或点评其言其行，以表达自己对已故之人的惋惜、遗憾和哀思。这方面的名篇，有韩愈的《祭十二郎文》、欧阳修的《祭石曼卿文》，恩格斯的《在马克思墓前的讲话》也算是其中一篇。

祭事之文，往往是围绕某一历史事件所写的文章，主要是在说明这一历史事件前因后果的基础上，总结经验教训，以史鉴今，以为后世提供反思和借鉴，带来启发和思路。这方面很多人熟悉的是《苏联亡党亡国二十年祭》纪录片。

郭沫若的《甲申三百年祭》，无疑是祭事之文，但里面又包含着对历史人物之祭，可以说是祭事之文与祭人之文的结合体。在今天阅读这部作品，我们可以追问的是：作者为什么而祭？到底是祭什么？祭的意义是什么？对于我们所生活的这个时代是否还有启示？启示是什么？

一、祭文为何而作？

1644年，是明朝灭亡的年份，按中国传统的纪年方式是甲申年。1944年，这年也是甲申年，是过了第五个周期后的甲申年，之间正好过了三百年。一段明朝灭亡的历史，为什么在三百年后还值得关注？为什么三百年后还值得写祭文？按作者自己的话来说：

> 然而甲申年总不失为一个值得纪念的历史年。规模宏大而经历长久的农民革命，在这一年使明朝最专制的王权统治崩溃了，而由于种种的错误却不幸换来了清朝的入主，人民的血泪更潜流了二百六十余年。这无论怎

样说也是值得我们回味的事。

写作《甲申三百年祭》肯定不是为了揭秘一段300年前的历史。那个时候，抗日战争尚未结束，明末农民革命的评价问题热火朝天，如何认识300年前明朝灭亡事件中的各代表人物，以及外敌入侵、旧政权崩溃、农民起义这三件事的性质，成为了争论的焦点。

其间，国民党刊发了大量关于明亡原因的研究文章，掀起一股明末历史研究之风。这些文章不约而同地将明亡责任归咎于流寇，为封建统治者开脱，贬低农民起义的作用，借以影射讽刺共产党的敌后抗战工作，其中歪曲历史、主张一党专政的言论比比皆是。影响较大的是1943年3月出版的《中国之命运》，该书由蒋介石授意，陶希圣执笔。内容也涉及明亡这段历史，结论是流寇横行是明朝覆灭的罪魁祸首。该书借题发挥、影射现实，要求取消共产党，宣扬只有国民党能救中国。一时之间，全国各地的书店里都出现了《中国之命运》的身影，影响力巨大。

1944年1月15日，《新华日报》编辑乔冠华与郭沫若等人对如何纪念明亡300年进行了商讨，订下了此文的写作计划。当然这并不是说，此文是承接任务的流水线式仓促作品，是为了驳斥国民党史观而搜寻特定资料写下的应时之作。身为历史研究者，眼观学界潮流的明末历史研究，郭沫若早就产生了浓厚兴趣，他本来就有打算，几个月都在研究明朝末年的历史，并读了一些古书，甚至还打算把李自成所代表的农民运动写成剧本。接到写作《甲申三百年祭》这一紧急任务后，他原本的写作计划搁置。

《甲申三百年祭》最先发表于1944年3月19日，在重庆的《新华日报》连载四日刊出。一经刊发，就引发了热议，各界人士褒贬不一。国民党着力于驳斥此文，1944年3月24日，即《甲申三百年祭》连载完的第二天，国民党的《中央日报》随即专门发表社论《纠正一种思想》，对郭沫若进行抨击，称其鼓吹败战主义和亡国思想，其后又连发《论赫尔的名言》《论责任心》等文章，污蔑郭沫若把不正确的毒素渗进社会内层。

中国共产党人则十分重视此文，在此文发表次日便在党的宣传刊物《新华副刊》上表态支持，评价此文正确认识了历史。1944年4月18日，《解放日报》转载此文并写了一个编者按，高度肯定此文"充满爱国爱民族的热情"，称其科学地解说了历史，还给了历史一个本来面目。5月，延安新华书店把"编者按"与《甲申三百年祭》合在一起，出版了单行本，很快各解放区开始印行。

不仅于此，史学研究者被其中新的史学观点所震撼，文艺工作者则关注这一史学创作中的人物设计。此文在学术研究方面引发了热议，且争议一直持续到今天。学界对于此文的评价褒贬不一，不乏反对声音。历史已经尘埃落定，这篇祭文不因批判的文章而失去价值，这些批评性声音反倒衬托出这篇文章的价值。

如今，我们抛开发表时的背景阅读这部作

品，可以看出它并不算长，除掉大量摘自多种文献的引文，对于不太喜欢读史料而只喜欢读结论的人来说，可读的文字并不多。但是，读一遍可能无法感受其中的妙处，多读几遍，才会内心认同它绝不是浪得虚名，才会认定它是一篇值得反复阅读的作品。

这部作品在历史素材考证上下了很大功夫。用历史说话，前提是得有可靠的素材。此文用了大量历史文献，同一件事用不同史料的表述来描述。写历史的故事，可以根据已有的史料直接书写，但做关于历史事件的学问，则必须要挖掘到新的素材，借助于对素材的分析得出新的观点。郭沫若在当时能够找到一些新的文献并很好运用了这些文献，已经是很不容易的事情了。

这部作品刻画了有血有肉的人物，呈现出戏剧的张力。一篇关于历史事件的祭文，在宏大的历史题材下，却刻画了众多人物形象，很好地处理了大历史事件与小历史人物故事的关系，崇祯、李自成、李岩等人物出场，有他们每个人的故事，有他们每个人的成就、无奈和悲剧，使作品丰富生动，具有了可阅读性，能给读者一种影视剧剧本的感觉。

这部作品思想厚重，蕴含了深刻的道理。同样是讲一段历史，有人所讲可能只是花边新闻、新鲜趣事，有人所讲则可能满是智慧，充满启迪。读史明智，读史鉴今。作品以"祭"为题，必然是有此考虑的，不仅是要辨明历史的真相，更是要警示现实。

可以说，《甲申三百年祭》不仅是一篇

史论作品，更是一篇祭史鉴今观照现实的文艺创作。我们应该从其中读出更多时代的启示，尤其是通过其中的历史人物的悲剧来获得历史的智慧。

二、崇祯的悲剧：想有为与真有为并不是一回事

《甲申三百年祭》所祭的事情是明朝灭亡，所祭的人实际上有三个，可以说是三个悲剧人物，分别是崇祯、李自成，以及一位与前两人并不具有同等地位、很少被人谈到的李岩。这部作品的主人公不止一人，这部作品给后人的启示也不止一个人的悲剧的启示。看三个历史悲剧人物为何会酿成各自的悲剧，思考历史之

人如何摆脱历史悲剧，或许应该成为我们在今天阅读此作品的进路。

在该书中，最先出场的人物是崇祯。崇祯的悲剧，应该是作者首先想着力刻画的。作者并没有一开始就去指责崇祯，而是指出，这位亡国君主没有像其他亡国的君主一样被责骂，反而博得了后人的同情，就连他的对手李自成也没有痛批他，反而在《登极诏》里面写道，"君非甚暗，孤立而炀蔽恒多；臣尽行私，比党而公忠绝少"。这里说的"君"就是崇祯，只不过，这样的表述在作者看来就是"君非亡国之君，臣皆亡国之臣"的雅化。

从这部作品中，至少可以读出崇祯的几个优点：一是想有为而且也有为过，在初即位的时候果敢决断地除去了魏忠贤与客氏，成就了自己的"光辉岁月";二是常省己过,经常下罪己诏,申说爱民,可以说是敢于承认自己错误、勇于担责的表率了,有些罪己诏写得文采斐然;三是勤政,时常为了政务连续几昼夜不休息,可以说是明朝最勤政的皇帝之一了。

一个勤政的、常下罪己诏的力求有为的君主,为什么会走到亡国这一步?不得不说有天时的问题、有运气不好的原因。他继任皇帝之时,明朝内部已经腐败不堪,东北的边患已经养成,旱灾、蝗灾年年岁岁差不多遍地都是,尽管是皇帝,仅凭一人之力也无法拯救疾病缠身的明朝。这其实是历朝历代亡国之时的共同境况,整个系统崩溃之时,其中的个别有识之士再有心杀贼也注定是无力回天。

但运气不好不能是为其免责的理由,崇祯

的悲剧主要还得由他自己负责。这部作品分析了崇祯治理国家的多个方面的问题：在用人上，崇祯在位期间极度严查结党营私，但为防止朝野中山头四起，多次更换枢要人物，可谓是"用人必疑"，"只看见他今天在削籍大臣，明天在大辟疆吏，弄得大家都手足无措"，以至于在后期无重臣可以依靠，只能依赖宦官。再加上政策颁布上的朝令夕改，事必躬亲，过于着急，太想重回明朝盛世，太想表现出自身的政绩，左抓一手、右揽一下，对于问题的认识往往浮在表面，努力良多结果却适得其反，到头来什么也没抓住。

更要命的是，崇祯言语多于行动，在位十七年共六次下达《罪己诏》，每次都洋溢着对百姓处境的涕零同情，铺洒着对自己治国不善的深切自责，甚至在自缢前最后一次《罪己诏》中说，"朕死，无面目见祖宗于地下""勿伤百姓一人"，到死都不忘保护百姓，读过的人很容易就会被崇祯的仁心所略微感动。

可惜，关切百姓的文章比比皆是，改善百姓生活的实事却是比比皆否。崇祯并非不知政治腐败，不知民间疾苦，但却不能也不敢加以彻底改革，他害怕触动统治阶层利益而忽略百姓的生存问题，只能时不时以减膳撤乐来做做表面工作。

作者给崇祯的基本定论是，一名"十分汲汲"的"要誉"专家，是只说不干、沽名钓誉之徒。相对于百姓的生存问题，他更关心国库充盈与否。面对如此多的灾民，面对军队缺衣少食，他却宁可让钱锁在皇库里也不愿拿出来，难怪作者说：

> 皇家究竟不愧是最大的富家，这样大的积余，如能为天下富家先，施发出来助赈、助饷，尽可以少下两次《罪己诏》，少减两次御膳，少撤两次天乐，也不至于闹出悲剧来了。然而毕竟是叫文臣做文章容易，而叫皇库出钱困难，不容情的天灾却又好像有意开玩笑的一样，执拗地和要誉者调皮。

关爱总是流于言语，感动也注定只能转瞬即逝。崇祯的悲剧是他自己造成的，他只是说得好听，做得实在不如人意。我们说，可怜之人必有可恨之处，一个人的悲剧看似与己无关，实际上还是得从自己找原因。崇祯悲剧的启示是，"想有为"和"真有为"区别甚远，强有力的行动比什么都重要。空谈解决不了问题，实干才能真正成就自己的声誉。

三、李自成的悲剧：没有坚持到底的成功注定是令人遗憾的失败

接下来出场的人物是李自成。郭沫若一反前人对李自成"恶人"的评价，站在其立场上展开作品创作，文字间表露出对李自成个人的推崇以及对其事业的惋惜。《甲申三百年祭》这部作品之所以在当时引起轩然大波，主要的原因也就是因为同情了农民起义的领导者李

自成。

　　明末流寇四起，为何是李自成而非其他人成功领导农民起义颠覆明室？李自成肯定有过人之处，作者从很多方面进行了分析。这与李自成为人与处世的方式密不可分，他"不好酒色，脱粟粗粝，与其下共甘苦"，他善骑射，能做到百发百中，善攻，属于典型的草泽英雄。李自成走上起义道路并非贪图权力金钱，而是在朝廷严苛制度逼迫下走投无路，他目睹、经历着饥荒下农民无粮吃饭，还要被县令追税的悲惨处境，深切明白百姓的现实处境与生存需求。也就是说，能够产生共情，很容易受到民众的认同。

　　李自成还得到了众多人才的支持，一度做到了礼贤下士、任人唯贤。李岩、牛金星、宋献策、刘宗敏等人先后归入麾下,成为军队领导层级的核心人员,尤其是李岩在为其推荐人才、进行政策宣传等方面贡献极大。正是在李岩的建议下,李自成军队的作风有了根本性转变,起义的格局从"劫富济贫"飞跃至"收天下心",革命的队伍不断壮大起来,且军法很严,"真可以说是极端的纪律之师"。

　　李自成的事业并非一帆风顺,反倒是荆棘丛生,几经波折,他几度陷入绝境,企图自杀都有好几次,最后好不容易才修成正果,入主京城,逼死崇祯,建立大顺王朝,改朝换代为大顺政权。但历史给他开了个很大的玩笑,仅仅四十三天后,清兵入关,李自成迎来了自己的悲剧。作为农民革命的领袖,李自成是成功的,而作为大顺朝的统治者,李自成是失败的。

从李自成的成功来看，十余年的角逐，玉汝于成，多年的斗争换来短暂的安宁，任何成功都不是轻而易举的，越大的成功越需要经历风风雨雨；从他的失败来看，成功的果实需要细心呵护，唾手可得或已经到手的东西，还需要再接再厉、继续努力才能真正属于自己。

比起崇祯的悲剧，李自成的悲剧显得更让人惋惜和痛心，已经化好妆准备唱一台大顺王朝的百年大戏，却猝不及防地被硬生生地拖拽下历史舞台。不同于崇祯的悲剧是守成失败、江山失守，李自成是好不容易打下江山，却又迅速失去，演绎了一场艰难打下江山又瞬间失去江山的悲剧。如果从来不曾成功，悲剧就没那么悲了，如果成功近在咫尺或者已经成功却又最终失败，那这悲剧就确实有些悲了。

为什么李自成的悲剧会发生？郭沫若写出的这段话给了答案：

在过短的时期之内获得了过大的成功，这却使自成以下如牛金星、刘宗敏之流，似乎都沉沦进了过分的陶醉里去了。进了北京以后，自成便进了皇宫。丞相牛金星所忙的是筹备登极大典，招揽门生，开科选举。将军刘宗敏所忙的是拷夹降官，搜括赃款，严刑杀人。纷纷然，昏昏然，大家都像以为天下就已经太平了的一样。近在肘腋的关外大敌，他们似乎全不在意。山海关仅仅派了几千兵去镇守，而几十万的士兵却屯积在京城里面享乐。

政权还没有稳固，边患还未解决，眼前还有诸多棘手之事，李自成却得意了、懈怠了，让自己深居皇宫之中，对于手下重臣的腐败奢靡放任自流，对于内部的宗派主义听之任之，对于李岩的几次谏言也不再重视，最终酿成恶果。

多年的颠沛流离，使得成功的滋味分外香甜，以至于整个集团的领导人物一下子被胜利冲昏了头脑，在过分的陶醉中失败。在这过分陶醉的时候，平时严格的军令都已经被抛到九霄云外了，原本顺应民意的起义转化为了失去民心的烧杀抢掠。

李自成最终活成了自己最痛恨之人的模

样。历史之人的悲哀就在于,他最痛恨的他人的行为和做法,最后都发生在自己身上。崇祯没有解决的问题,李自成也最终没有解决。崇祯酿成的悲剧,李自成又酿了一次。历史的教训不难总结,但即使总结了也改变不了,还要再去给人留下教训,才是历史之人的无奈之所在。

究其内里,可以说李自成初心已变。初心不能失去,一旦失去后果严重。李自成胜在了"收拾天下人心"理念的贯彻上,他的短暂成功离不开广大百姓的支持,而他的失败也在于"收拾天下人心"理念的消失中,随着失去民心而造成悲剧。"得民心者得天下"的道理,李自成应在起义成功后有了深切体会;"失民心者失天下"的道理,李自成应在失去京城后应该有了深切体会。

如果我们对项羽的感叹是，"宜将剩勇追穷寇，不可沽名学霸王"，那么对李自成的感叹就应该是，"宜将得意行到底，不可忘形学闯王"。没有坚持到底的成功，注定是令人遗憾的最大失败。

四、李岩的悲剧：为何值得永远回味？

在崇祯、李自成之后出场的第三个人，是李岩（原名李信）。一篇关于明朝灭亡的祭文，最后很大篇幅却是写名不见经传的李岩，这是出人意料的，也是被之后众多人质疑的一个地方，甚至有人提出"李岩是否真实存在""李岩是否就是李自成"的问题。但郭沫若用如此多笔墨写李岩,绝不是一时兴起,反而是有意为之,而且还有着深意,因为"李自成自然是一位悲剧的主人,而从李岩方面来看,悲剧的意义尤其深刻","李岩的悲剧是永远值得回味的"。

为什么李岩的悲剧的意义尤其深刻?为什么永远值得回味?说实在的,如果是不反复仔细阅读的话,我们可能看不出来原因,这是要写大人物的悲剧必然同时伴随着小人物(当然李岩也不算太小的人物)的悲剧吗?是要告诉自己也包括当时的读者一定要选择明主投靠,不然的话难保其身吗?

就李岩个人的经历看,其悲剧在于,本来是明朝举人出身,经常出粟赈饥民,由于作《劝赈歌》"奉劝富家同赈济",被诬陷谋反而入狱,后被红娘子救出,落草为寇投奔了李自成,还有材料写他的妻子汤氏劝李岩不得,自缢而死。李岩加入李自成的军队后一开始被高度重视,他向李自成推荐了牛金星、宋献策等人才,为最终颠覆明朝政权贡献了诸多良策,只是他推荐的人后来地位比他还高,牛金星还成为杀害他的罪魁祸首。

应该被重用之人没有被重用,导致英雄无用武之地,忠臣最终被奸臣谗言害死,在历史上或历史剧中司空见惯,并没有独特意味。从这个方面最多可以说,李岩的悲剧代表着人才的悲剧,李岩是人才,但怀才不遇、因才而死,令人遗憾。李岩作为人才的悲剧,很大程度上也是李自成自酿悲剧的一个原因,李自成本来可以择天下英才而用之,而不是择天下英才而毁之。

让李岩的悲剧尤其深刻的,我们还能在作品中找到一个原因,那就是他的悲剧不仅是他个人的悲剧,他的悲剧带来了民族的悲剧。郭沫若写道:

> 假使初进北京时,自成听了李岩的话,使士卒不要懈怠而败了军纪,对于吴三桂等及早采取了牢笼政策,清人断不至于那样快地便入了关。又假使李岩收复河南之议得到实现,以李岩的深得人心,必能独当一面,把农民解放的战斗转化而为和种族之间的战争。假使形成了那样的局势,清

兵在第二年决不敢轻易冒险去攻潼关，而在潼关失守之后也决不敢那样劳师穷追，使自成陷于绝地。假使免掉了这些错误，在种族方面岂不也就可以免掉了二百六十年间为清朝所宰治的命运了吗？就这样，个人的悲剧扩大而成为了种族的悲剧，这意义不能说是不够深刻的。

这里存在着作者的假设，如果李岩的建议被采纳，如果他没有被杀死而是领兵出征，可能就不会有吴三桂引清兵入关，带来清朝统治二百多年的结果。不知道作者写作的时候是否联想到，没有清朝的统治，后来就可能不会有近代以来中国被外敌入侵的惨剧。当然，这种民族悲剧的说法，受时代所限如果只是指汉族的话，在今天肯定是立不住的，如果是指中华民族，倒还算可以接受。但历史又不容假设，历史也不能由某个人的命运来决定，过度强调李岩的悲剧对于之后历史的影响，对于整个民族的影响，很容易受到质疑，不可能立得住。

让李岩的悲剧尤其深刻的，值得永远回味的，实际上在于李岩当时所奉行的思想，在于他的思想本身没有被贯彻到底。在作者看来，李岩主张的是"取天下以人心为本""收天下心""欲收民心，须托仁义""均田免粮"等，他认识到民众的作用、人心的作用，实际上是那个时代少有的站在老百姓的立场上说话的，并且一直是这么做的。这一点并没有在作品中突出强调，没有充分表达，不过确实是存在的。

四、李岩的悲剧：为何值得永远回味？

1947年7月，郭沫若专门写了一个说明，强调应该把焦点多放在李岩的悲剧上，不要看他只是一位公子哥儿似的读书人，而应该把他看作"怀抱着人民思想的人""人民思想的体验者、实验者"。

也就是说，李岩的悲剧所代表的实际上是人民思想的悲剧。这种思想本来是被李自成采纳并且践行的，起初对李岩行仁义的提议，李自成都是听从的，但在入主京城后却不再贯彻，帝王思想又重新占据了压倒性地位。他不再受重用也正是因为他的思想代表着老百姓的意愿而不符合统治者的要求，在封建专制的时代，一个跳出统治阶级利益真正代表民众的人只会被视为异端。

人民思想远远超前于那个时代，在短暂出

场发挥作用后被甩到一边。这正是李岩的悲剧尤其深刻的原因之所在。而李岩的悲剧之所以值得永远回味，正是因为它提出了之后时代治国理政的重大命题，如何才能确保人民思想在政治实践中得到贯彻，得到自始至终的贯彻，而不是被中途中断、被无情地抛弃。

五、这部作品值得永远读下去

《甲申三百年祭》在当时以及以后产生持久的影响力，很重要的一个原因，是毛泽东关注到了这部作品，他从中看到了作者本人没有太重视的一部分的价值，提出了更具有历史意义的话题。

毛泽东重视这部作品，看重的是它对李自

成胜利之后因骄傲而最终失败的描述和分析，他甚至直接将其定位为"写李自成的作品"，在阅读中悟出了李自成的悲剧对于中国共产党在历史转折时期的教育意义，读出了"决不当李自成"的警醒，得出了不能被一时的胜利冲昏头脑、不能在得意忘形中丢失初心的启示。

1944年11月21日，毛泽东就特意写信给郭沫若："你的《甲申三百年祭》，我们把它当作整风文件看待。小胜即骄傲，大胜更骄傲，一次又一次吃亏，如何避免此种毛病，实在值得注意。"[1]"你的史论、史剧大益于中国人民，只嫌其少，不嫌其多，精神决不会白费的，希望继续努力。"[2]

---

[1]《毛泽东文集》（第三卷），人民出版社1996年版，第227页。
[2]《毛泽东文集》（第三卷），人民出版社1996年版，第227页。

在这年的6月份,中共中央宣传部和总政治部正式发布学习通知,强调此文"反对骄傲",是"明末农民革命留给我们的一大教训",对于全党有重要意义,全党首先是党的领导同志无论在何形势下必须永远保持清醒与学习态度,妄不可重蹈李自成骄傲的覆辙。《甲申三百年祭》正式成为党的整风文件,一时在根据地内风靡,李自成进京失败的教训深入人心,成为大家茶余饭后的讨论话题,警惕骄傲成为一些人的口头禅,这场思想教育运动的成效显著。

1949年3月5日,在党的七届二中全会上,毛泽东指出,"因为胜利,党内的骄傲情绪,以功臣自居的情绪,停顿起来不求进步的情绪,贪图享乐不愿再过艰苦生活的情绪,可

五、这部作品值得永远读下去

能生长"①，他对此提出要求，"务必使同志们继续地保持谦虚、谨慎、不骄、不躁的作风，务必使同志们继续地保持艰苦奋斗的作风"②。这"两个务必"在党内影响深远，不能说与郭沫若的这部作品没有关系。

1949年3月23日，在从西柏坡前往北平的"进京赶考"路上，毛泽东再次提起《甲申三百年祭》，指出"这仅仅是读了个开头，这篇文章是要永远读下去的"，他还说到，"今天是进京的日子，进京赶考去。退回来就失败了。我们决不当李自成，我们都希望考个好成绩"③。

毛泽东重视这部作品，与两个时间节点分

---

① 《毛泽东选集》（第四卷），人民出版社1991年版，第1438页。
② 《毛泽东选集》（第四卷），人民出版社1991年版，第1439页。
③ 《毛泽东思想年编：1921—1975》，中央文献出版社2011年版，第647页。

不开，一个是中国人民的抗日战争即将获得胜利，一个是中国共产党即将取得全国胜利。这两个时候都最需要警惕党内骄傲情绪，将胜利进行到底。尤其是历尽千辛万苦即将取得全国胜利，在从摧毁旧世界到建设新世界转变的重要节点上，中国共产党面临着如何建设好一个政权、建设好一个国家的现实问题与避免革命性质变质的问题，《甲申三百年祭》中李自成的失败案例无疑能够提供历史之鉴，能够警醒党内同志保持谦虚谨慎、不骄不躁的作风。

当然，毛泽东在当时所读出来的问题，提醒全党所需要注意的问题，并不会随着这两个时间点的过去就不存在了，中国共产党作为长期执政的马克思主义政党，仍然需要时刻警醒，仍然需要居安思危、戒骄戒躁、不忘初心、拒腐防变。

  2021年秋天，习近平来到陕西榆林考察调研，在杨家沟革命旧址，他提起了一件史实，就是毛泽东在延安时期将《甲申三百年祭》作为整风学习文件，叫同志们引以为戒。《甲申三百年祭》如今仍被不时提起，正是因为这部作品蕴含着对一个长期执政的政党来说永不过时的重大问题，值得永远读下去。

甲申三百年祭

荟佳知本
系列图书

甲申轮到它的第五个周期，今年是明朝灭亡的第三百周年纪念了。

明朝的灭亡认真说并不好就规定在三百年前的甲申。甲申三月十九日崇祯死难之后，还有南京的弘光，福州的隆武，肇庆的永历，直至前清康熙元年（一六六二）永历帝为清吏所杀，还经历了一十八年。台湾的抗清，三藩的反正，姑且不算在里面。但在一般史家的习惯上是把甲申年认为是明亡之年的，这倒也是无可无不可的事情。因为要限于明室来说吧，事实上它久已失掉民心，不等到甲申年，早就是仅存形式的了。要就中国来说吧，就在清朝统治的二百六十年间一直都没有亡，抗清的民族解放斗争一直都是没有停止过的。

然而甲申年总不失为一个值得纪念的历史年。规模宏大而经历长久的农民革命，在这一年使明朝最专制的王权统治崩溃了，而由于种种的错误却不幸换来了清朝的入主，人民的血泪更潜流了二百六十余年。这无论怎样说也是值得我们回味的事。

在历代改朝换姓的时候，亡国的君主每每是被人责骂的。崇祯帝可要算是一个例外，他很博得后人的同情。就是李自成《登极诏》里面也说："君非甚暗，孤立而炀蔽①恒多；臣尽行私，比党而公忠绝少。"不用说也就是"君非亡国之君，臣皆亡国之臣"的雅化了。其实崇祯这位皇帝倒是很有问题的。他仿佛是很想有为，然而他的办法始终是沿走着错误的路径。他在初即位的时候，曾经发挥了他的"当机独断"，除去了魏忠贤与客氏，是他最有光辉的时期。但一转眼间依赖宦官，对于军国大事的处理，枢要人物的升降，时常是朝四暮三，轻信妄断。十七年不能算是短促的岁月，但只看见他今天在削籍大臣，明天在大辟疆吏，弄得大家都手足无所措。对于老百姓呢？虽然屡次在下《罪己诏》，申说爱民，但都是口惠而实

---

① "炀蔽"是说人君受蒙蔽。譬之如灶，一人在灶前炀火遮蔽灶门，则余人不得炀，亦无由见火光。出处见《韩非子·难四》及《战国策·赵策》。——本书除特别说明外均为作者原注。

不至。《明史》批评他"性多疑而任察，好刚而尚气。任察则苛刻寡恩，尚气则急剧失措"（《流贼传》）。这个论断确是一点也不苛刻的。

自然崇祯的运气也实在太坏，承万历、天启之后做了皇帝，内部已腐败不堪，东北的边患又已经养成，而在这上面更加以年年岁岁差不多遍地都是旱灾、蝗灾。二年四月二十六日，有马懋才《备陈大饥疏》，把当时陕西的灾情叙述得甚为详细，就是现在读起来，都觉得有点令人不寒而栗：

> 臣乡延安府，自去岁一年无雨，草木枯焦。八九月间，民争采山间蓬草而食。其粒类糠皮，其味苦而涩。食之，仅可延以不死。至十月以后而

蓬尽矣，则剥树皮而食。诸树惟榆皮差善，杂他树皮以为食，亦可稍缓其死。迨年终而树皮又尽矣，则又掘其山中石块而食。石性冷而味腥，少食辄饱，不数日则腹胀下坠而死。

民有不甘于食石而死者，始相聚为盗，而一二稍有积贮之民遂为所劫，而抢掠无遗矣……

最可悯者，如安塞城西有冀城之处，每日必弃一二婴儿于其中。有号泣者，有呼其父母者，有食其粪土者。至次晨，所弃之子已无一生，而又有弃子者矣。

更可异者，童稚辈及独行者，一出城外便无踪迹。后见门外之人，炊人骨以为薪，煮人肉以为食，始知前之人皆为其所食。而食人之人，亦不免数日后面目赤肿，内发燥热而死矣。于是死者枕藉，臭气熏天，县城外掘数坑，每坑可容数百人，用以掩其遗骸。臣来之时已满三坑有余，而数里以外不及掩者，又不知其几许矣……有司束于功令之严，不得不严为催科。仅存之遗黎，止有一逃耳。此处逃之于彼，彼处复逃之于此。转相逃则转相为盗，此盗之所以遍秦中也。

总秦地而言，庆阳、延安以北，饥荒至十分之极，而盗则稍次之；西安、汉中以下，盗贼至十分之极，而饥荒则稍次之。

——见《明季北略》卷五

这的确是很有历史价值的文献,很扼要地说明了明末的所谓"流寇"的起源,同隶延安府籍的李自成和张献忠就是在这样的情形之下先后起来了的。

饥荒诚然是严重,但也并不是没有方法救济。饥荒之极,流而为盗,可知在一方面有不甘饿死、铤而走险的人,而在另一方面也有不能饿死、足有诲盗的物资积蓄者。假使政治是休明的,那么挹彼注此,损有余以补不足,尽可以用人力来和天灾抗衡,然而却是"有司束于功令之严,不得不严为催科"。这一句话已经足够说明:无论是饥荒或盗贼,事实上都是政治所促成的。

这层在崇祯帝自己也很明白,十年闰四月大旱,久祈不雨时的《罪己诏》上又说得多么的痛切呀:

……张官设吏,原为治国安民。今出仕专为身谋,居官有同贸易。催钱粮先比火耗,完正额又欲羡余。甚至已经蠲免,亦悖旨私征;才议缮修,(辄)乘机自润。或召买不给价值,或驿路诡名轿抬。或差派则卖富殊贫,或理狱则以直为枉。阿堵违心,则敲朴任意。囊橐既富,则奸慝可容。抚按之荐劾失真,要津之毁誉倒置。又如勋戚不知厌足,纵贪横于京畿。乡宦灭弃防维,肆侵凌于闾里。纳无赖为爪牙，受奸民之投献。不肖官吏，畏势而曲承。积恶衙蠹，生端而勾引。嗟此小民，谁能安枕！

——《明季北略》卷十三

这虽不是崇祯帝自己的手笔，但总是经过他认可后的文章，而且只有在他的名义下才敢于有这样的文章。文章的确是很好的。但对于当时政治的腐败认识得既已如此明了，为什么不加以彻底的改革呢？要说是没有人想出办法来吧，其实就在这下《罪己诏》的前一年（崇祯九年），早就有一位武生提出了一项相当合理的办法，然而却遭了大学士们的反对，便寝而不行了。《明季北略》卷十二载有《钱士升论李琎搜括之议》，便是这件事情：

四月,武生李琎奏致治在足国,请搜括臣宰助饷。大学士钱士升拟下之法司,不听。士升上言:"比者借端幸进,实繁有徒。而李琎者乃倡为缙绅豪右报名输官,欲行手实籍没之法①。此皆衰世乱政,而敢陈于圣人之前,小人无忌惮一至于此!且所恶于富者兼并小民耳,郡邑之有富家,亦贫民衣食之源也。以兵荒之故归罪富家而籍没之,此秦始皇所不行于巴清②,汉武帝所不行于卜式③者也。此

---

① 手实法,唐代曾施行,限人民于岁暮自陈其田产以定租额。宋神宗时吕惠卿亦行此法,甚为豪绅地主等所反对。
② 巴寡妇清以丹穴致富,始皇曾为筑女怀清台。见《史记·货殖列传》。
③ 卜式以牧畜致富,汉武帝有事于匈奴,卜式输助军饷,武帝曾奖励之。事见《史记·平准书》。

议一倡，亡命无赖之徒，相率而与富家为难，大乱自此始矣。"已而温体仁以上欲通言路，竟改拟。上仍切责士升，以密勿大臣，即欲要誉，放之已足，毋庸汲汲……

这位李琎，在《明亡述略》作为李琏，言"李琏者，江南武生也，上书请令江南富家报名助饷"，大学士钱士升加以驳斥。这位武生其实倒是很有政治的头脑，可惜他所上的"书"全文不可见，照钱士升的驳议看来，明显地他恨"富者兼并小民"，而"以兵荒之故归罪富家"。这见解倒是十分正确的，但当时一般的士大夫都左袒钱士升。钱受"切责"反而博得同情，如御史詹尔选为他抗辩，认为"辅臣不过偶因一事代天下请命"。他所代的"天下"岂不只是富家的天下,所请的"命"岂不只是富者的命吗?已经亡了国了,而撰述《明季北略》与《明亡述略》的人,依然也还是同情钱士升的。但也幸而有他们这一片同情,连带着使李武生的言论还能有这少许的保存,直到现在。

"搜括臣宰"的目的,在李武生的原书,或者不仅限于"助饷"吧。因为既言到兵与荒,则除足兵之外尚须救荒。灾民得救,兵食有着,"寇乱"决不会蔓延。结合明朝全力以对付外患,清朝入主的惨剧也决不会出现了。然而大学士驳斥,大皇帝搁置,小武生仅落得保全首领而已。看崇祯"切责士升",浅识者或许会以为他很有志于采纳李武生的进言,但其实做皇帝的也不过采取的另一种"要誉"方式,"放之已足"而已。

崇祯帝，公平地评判起来，实在是一位十分"汲汲"的"要誉"专家。他是最爱下《罪己诏》的，也时时爱闹减膳、撤乐的玩艺〈意〉。但当李自成离开北京的时候，却发现皇库扃钥如故，其"旧有镇库金积年不用者三千七百万锭，锭皆五百（十？）两，镌有永乐字"（《明季北略》卷二十）。皇家究竟不愧是最大的富家，这样大的积余，如能为天下富家先，施发出来助赈、助饷，尽可以少下两次《罪己诏》，少减两次御膳，少撤两次天乐，也不至于闹出悲剧来了。然而毕竟是叫文臣做文章容易，而叫皇库出钱困难，不容情的天灾却又好像有意开玩笑的一样，执拗地和要誉者调皮。

所谓"流寇"，是以旱灾为近因而发生的，

在崇祯元二年间便已蹶起了。到李自成和张献忠执牛耳的时代，已经有了十年的历史。"流寇"都是铤而走险的饥民，这些没有受过训练的乌合之众，在初，当然抵不过官兵，就在奸淫掳掠、焚烧残杀的一点上比起当时的官兵来更是大有愧色的。十六年，当李、张已经势成燎原的时候，崇祯帝不时召对群臣，马世奇的《廷对》最有意思：

> 今闯、献并负滔天之逆，而治献易，治闯难。盖献，人之所畏；闯，人之所附。非附闯也，苦兵也。一苦于杨嗣昌之兵，而人不得守其城垒。再苦于宋一鹤之兵，而人不得有其家室。三苦于左良玉之兵，而人之居者、

行者，俱不得安保其身命矣。贼知人心之所苦，特借"剿兵安民"为辞。一时愚民被欺，望风投降。而贼又为散财赈贫，发粟赈饥，以结其志。遂至视贼如归，人忘忠义。其实贼何能破各州县，各州县自甘心从贼耳。故目前胜着，须从收拾人心始。收拾人心，须从督抚镇将约束部位，令兵不虐民，民不苦兵始。

——《北略》卷十九

这也实在是一篇极有价值的历史文献，《明史·马世奇传》竟把它的要点删削了。当时的朝廷是在用兵剿寇，而当时的民间却是在望寇"剿兵"。在这剿的比赛上，起初寇是剿不过兵的，然而有一点占了绝对的优势，便是寇比兵多，事实上也就是民比兵多。在十年的经过当中，杀了不少的寇，但却增加了无数的寇。寇在比剿中也渐渐受到了训练，无论是在战略上或政略上。官家在征比搜括，寇家在散财发粟，战斗力也渐渐优劣易位了。到了十六年再来喊"收拾人心"，其实已经迟了，而迟到了这时，却依然没有从事"收拾"。

李自成的为人，在本质上和张献忠不大相同，就是官书的《明史》都称赞他"不好酒色，脱粟粗粝，与其下共甘苦"。看他的很能收揽民心，礼贤下士，而又能敢作敢为的那一贯作风，和刘邦、朱元璋辈起于草泽的英雄们比较起来，很有过之而无不及的气概。自然，也是艰难玉成了他。他在初发难的十几年间，只是高迎祥部下的一支别动队而已。时胜时败，连企图自杀都有过好几次。特别在崇祯十一二年间是他最危厄的时候。直到十三年，在他才来了一个转机，从此一帆风顺，便使他陷北京，覆明室，几乎完成了他的大顺朝的统治。

这一个转机也是由于大灾荒所促成的。

自成在十一年大败于梓潼之后，仅偕十八骑溃围而出，潜伏于商洛山中。在这时张献忠已投降于熊文灿的麾下。待到第二年张献忠回复旧态，自成赶到谷城（湖北西北境）去投奔他，险些儿遭了张的暗算，弄得一个人骑着骡子逃脱了。接着自成又被官兵围困在巴西鱼腹诸山中，逼得几乎上吊。但他依然从重围中轻骑逃出，经过郧县、均县等地方，逃入了河南。这已经是十三年的事。在这时河南继十年、十一年、十二年的蝗旱之后，又来一次蝗旱，闹到"人相食，草木俱尽，土寇并起"（《烈皇小识》）。但你要说真的没有米谷吗？假使是那样，那就没有"土寇"了。"土寇"之所以并起，是因为没有金钱去掉换高贵的米谷，而又不甘心饿死，便只得用生命去掉换而已。——"斛谷万钱，饥民从自成者数万"（《明史·李自成传》），就这样李自成便又死灰复燃了。

这儿是李自成势力上的一个转机，而在作风上也来了一个划时期的改变。十三年后的李自成与十三年前的不甚相同，与其他"流寇"首领们也大有悬异。上引马世奇的《廷对》，是绝好的证明。势力的转变固由于多数饥民之参加，而作风的转变在各种史籍上是认为由于一位"杞县举人李信"的参加。这个人在《李自成传》和其他的文献差不多都是以同情的态度被叙述着的，想来不必一定是因为他是读书人吧。同样的读书人跟着自成的很不少，然而却没有受到同样的同情。我现在且把《李自成传》上所附见的李信入伙的事迹摘录在下边。

> 杞县举人李信者，逆案中尚书李精白子也。尝出粟赈饥民，民德之。曰："李公子活我"。会绳伎红娘子反，掳信，强委身焉。信逃归。官以为贼，囚狱中。红娘子来救，饥民应之，共出信。
>
> 卢氏举人牛金星，磨勘被斥。私入自成军，为主谋。潜归，事泄，坐斩；已，得末减。

二人皆往投自成，自成大喜，改信名曰岩。金星又荐卜者宋献策，长三尺余。上谶记云："十八子主神器"，自成大悦。

岩因说曰："取天下以人心为本，请勿杀人，收天下心。"自成从之，屠戮为减。又散所掠财物赈饥民，民受饷者不辨岩、自成也。杂呼曰："李公子活我。"岩复造谣词曰："迎闯王，不纳粮"，使儿童歌以相煽。从自成者日众。

这节文字叙述在十三年与十四年之间，在《明史》的纂述者大约认为李、牛、宋之归自成是同在十三年。《明亡述略》的作者也同此见解，此书或许即为《明史》所本。

> 当是时（十三年）河南大旱，其饥民多从自成。举人李信、牛金星皆归焉。金星荐卜者宋献策陈图谶，言"十八子当主神器"。李信因说自成曰："取天下以人心为本，请勿杀人，收天下心。"自成大悦，为更名曰岩，甚信任之。

然而牛、宋的归自成其实是在十四年四月，《烈皇小识》和《明季北略》，叙述得较为详细。《烈皇小识》是这样叙述着的：

> 十四年四月，自成屯卢氏。卢氏

举人牛金星迎降。又荐卜者宋献策，献策长不满三尺。见自成，首陈图谶云："十八孩儿兑上坐，当从陕西起兵以得天下[①]。"自成大喜，奉为军师。

《明季北略》叙述得更详细，卷十七《牛宋降自成》条下云：

> 辛巳（十四年）四月，河南卢氏县贡生牛金星，向有罪，当戍边。李岩荐其有计略，金星遂归自成。自成以女妻之，授以右相。或云："金星

[①] 十八孩儿兑上坐，当从陕西起兵以得天下："十八孩儿"或"十八子"切李字。"兑"在八卦方位图中是正西方的卦，其上为乾，乾是西北方的卦。李自成崛起于陕西，陕西地处西北，当于乾位，故言"兑上坐"。又"乾为君"，故言"得天下"。

天启丁卯举人,与岩同年,故荐之。"金星引故知刘宗敏为将军,又荐术士宋献策。献策,河南永城人,善河洛数。初见自成,袖出一数进曰:"十八孩儿当主神器"。自成大喜,拜军师。献策面狭而长,身不满三尺,其形如鬼,右足跛,出入以杖自扶。军中呼为宋孩儿。一云浙人,精于六壬奇门遁法,及图谶诸数学。自成信之如神。余如拔贡顾君恩等亦归自成,贼之羽翼益众矣。

牛、宋归自成之年月与《烈皇小识》所述同,宋出牛荐,牛出李荐,则李之入伙自当在宋之前。惟关于李岩入伙,《北略》叙在崇祯十年，未免为时过早。

李岩开封府杞县人。天启七年丁卯孝廉，有文武才。弟牟，庠士。父某，进士。世称岩为"李公子"。家富而豪，好施尚义。

时频年旱饥，邑令宋某催科不息，百姓苦之。岩进白，劝宋暂休征比，设法赈给。宋令曰："杨阁部（按指兵部杨嗣昌）飞檄雨下，若不征比，将何以应？至于赈济饥民，本县钱粮匮乏，止有分派富户耳"。岩退，捐米二百余石。无赖子闻之，遂纠众数十人哗于富室，引李公子为例。不从，辄焚掠。有力者白宋令出示禁戢。宋方不悦岩，即发牒传谕："速速解散，各图生理，不许借名求赈，恃众要挟。如违，即系乱民，严拿究罪。"饥民击碎令牌，群集署前，大呼曰："吾辈终须饿死，不如共掠。"

宋令急邀岩议。岩曰："速谕暂免征催，并劝富室出米，减价官粜，则犹可及止也。"宋从之。众曰："吾等姑去，如无米，当再至耳。"宋闻之而惧，谓岩发粟市恩，以致众叛，倘异日复至，其奈之何？遂申报按察司云："举人李岩谋为不轨，私散家财，买众心以图大举。打差辱官，不容比较。恐滋蔓难图，祸生不测，乞申抚按，以戡奸究，以靖地方。"按察司据县申文抚按,即批宋密拿李岩监禁,毋得轻纵。宋遂拘李岩下狱。

百姓共怒曰:"为我而累李公子,忍乎?"群赴县杀宋,劫岩出狱。重犯具释,仓库一空。岩谓众曰:"汝等救我,诚为厚意。然事甚大,罪在不赦。不如归李闯王,可以免祸而致富贵。"众从之。岩遣弟牟率家先行,随一炬而去。城中止余衙役数十人及居民二三百而已。

岩走自成,即劝假行仁义,禁兵淫杀,收人心以图大事。自成深然之。岩复荐同年牛金星,归者甚众,自成兵势益强。岩遣党伪为商贾,广布流言,称自成仁义之师,不杀不掠,又不纳粮。愚民信之,惟恐自成不至,望风思降矣。

予幼时闻贼信息,咸云:"李公子乱",而不知有李自成。及自成入京,世犹疑即李公子,而不知李公子乃李岩也。故详志之。

这是卷十三《李岩归自成》条下所述,凡第十三卷所述均崇祯十年事,在作者的计六奇自以李岩之归自成是在这一年了。但既言"频年旱饥",与十年情事不相合。宋令所称"杨阁部飞檄雨下"亦当在杨嗣昌于十二年十月"督师讨贼"以后。至其卷二十三《李岩作劝赈歌》条下云:

李岩劝县令出谕停征；崇祯八年七月初四日事。又作《劝赈歌》，各家劝勉赈济，歌曰：

"年来蝗旱苦频仍，嚼啮禾苗岁不登。米价升腾增数倍，黎民处处不聊生。草根木叶权充腹，儿女呱呱相向哭。釜甑尘飞炊烟绝，数日难求一餐粥。官府征粮纵虎差，豪家索债如狼豺。可怜残喘存呼吸，魂魄先归泉壤埋。骷髅遍地积如山，业重难过饥饿关。能不教人数行泪，泪洒还成点血斑？奉劝富家同赈济，太仓一粒恩无既。枯骨重教得再生，好生一念感天地。天地无私佑善人，善人德厚福长臻。助贫救乏功勋大，德厚流光裕子孙。"

看这开首一句"年来蝗旱苦频仍",便已经充分地表现了作品的年代。河南蝗旱始于十年,接着十一年、十二年、十三年均蝗旱并发。八年以前,河南并无蝗旱的记载。因此所谓"崇祯八年"断然是错误,据我揣想,大约是"庚辰年"的蠹蚀坏字,由抄者以意补成的吧。劝宋令劝赈既在庚辰年七月初四,入狱自在其后,被红娘子和饥民的劫救,更进而与自成合伙,自当得在十月左右了。同书卷十六《李自成败而复振》条下云:"庚辰(十三年)十二月自成攻永宁陷之。杀万安王朱铵(应为朱采铵),连破四十八寨,遂陷宜阳,众至数十万。李岩为之谋主。贼每剽掠所获,散济饥民,故所至威势益盛。"在十三年底，李岩在做自成的谋主，这倒是可能的事。

李岩无疑早就是同情于"流寇"的人，我们单从这《劝赈歌》里面便可以看出他的思想倾向。首先值得注意的是他说到"官府征粮纵虎差，豪家索债如狼豺"，而却没有说到当时的"寇贼"怎样怎样。他这歌是拿去"各家劝勉"的。受了骂的那些官府豪家的虎豹豺狼，一定是忍受不了。宋令要申报他"图谋不轨"，一定也是曾经把这歌拿去做了供状的。

红娘子的一段插话最为动人，但可惜除《明史》以外目前尚无考见。最近得见一种《剿闯小史》，是乾隆年间的抄本，不久将由说文社印行。那是一种演义式的小说，共十卷，一开始便写《李公子民变聚众》，最后是写到《吴平西孤忠受封拜》为止的。作者对于李岩也颇表同情，所叙事迹和《明季北略》相近，有些地方据我看来还是《北略》抄袭了它。《小史》本系稗官小说，不一定全据事实，但如红娘子的故事是极好的小说材料，而《小史》中也没有提到。《明史》自必确有根据，可惜目前书少，无从查考出别的资料。

其次乾隆年间董恒岩所写的《芝龛记》，以秦良玉和沈云英为主人翁的院本，其中的第四十出《私奔》也处理着李、牛奔自成的故事。这位作者却未免太忍心了，竟把李岩作为丑角，红娘子作为彩旦，李岩的"出粟赈饥"，被解释为"勉作散财之举，聊博好义之名"。正史所不敢加以诬蔑的事，由私家的曲笔，歪解得不成名器了。且作者所据也只是《李自成传》，把牛、李入伙写在一起。又写牛金星携女同逃，此女后为李自成妻，更是完全胡诌。牛金星归自成时，有他儿子生员牛诠同行，倒是事实，可见作者是连《甲申传信录》都没有参考过的。至《北略》所言自成以女妻金星，亦不可信。盖自成当时年仅三十四岁，应该比金星还要年轻，以女妻牛诠，倒有可能。

　　李岩本人虽然有"好施尚义"的性格，但他并不甘心造反，倒也是同样明了的事实。你看，红娘子那样爱他，"强委身焉"了，而他终竟脱逃了，不是他在初还不肯甘心放下他举人公子的身份的证据吗？他在指斥官吏，责骂豪家，要求县令暂停征比，开仓赈饥，比起上述的江南武生李琎上书搜括助饷的主张要温和得多。崇祯御宇已经十三年了，天天都说在励精图治，而征比勒索仍然加在小民身上，竟有那样糊涂的县令，那样糊涂的巡按，袒庇豪家，把一位认真在"公忠体国"的好人和无数残喘仅存的饥民都逼成了"匪贼"。这还不够说明崇祯究竟是怎样励精图治的吗？这不过是整个明末社会的一个局部的反映而已。明朝统治之当得颠覆，崇祯帝实在不能说毫无责任。

但李岩终竟被逼上了梁山。有了他的入伙，明末的农民革命运动才走上了正轨。这儿是有历史的必然性。因为既有大批饥饿农民参加了，作风自然不能不改变，但也有点所谓云龙风虎的作用在里面，是不能否认的。当时的"流寇"领袖并不只自成一人，李岩不投奔张献忠、罗汝才之流，而却归服自成，倒不一定如《剿闯小史》托辞于李岩所说的"今闯王强盛，现在本省邻府"的原故①。《北略》卷二十三叙有一段《李岩归自成》时的对话,虽然有点像旧戏中的科白,想亦不尽子虚。

岩初见自成,自成礼之。

岩曰:"久钦帐下宏猷,岩恨谒见之晚。"

自成曰:"草莽无知,自惭菲德,乃承不远千里而至,益增孤陋兢惕之衷。"

岩曰:"将军恩德在人,莫不欣然鼓舞。是以谨率众数千,愿效前驱。"

自成曰:"足下龙虎鸿韬,英雄伟略,必能与孤共图义举,创业开基

---

① 应为"缘故"。——编者注

者也。"

遂相得甚欢。

二李相见，写得大有英雄识英雄，惺惺惜惺惺之概。虽然在辞句间一定不免加了些粉饰，而两人都有知人之明，在岩要算是明珠并非暗投，在自成却真乃如鱼得水，倒也并非违背事实。在李岩入伙之后，接着便有牛金星、宋献策、刘宗敏、顾君恩等的参加，这几位都是闯王部下的要角。从此设官分治，守土不流，气象便迥然不同了。全部策划自不会都出于李岩，但，李岩总不失为一个触媒，一个引线，一个黄金台上的郭隗吧。《北略》卷二十三记《李岩劝自成假行仁义》，比《明史》及其他更为详细。

自成既定伪官，即令谷大成、祖有光等率众十万攻取河南。

李岩进曰："欲图大事，必先尊贤礼士，除暴恤民。今朝廷失政，然先世恩泽在民已久，近缘岁饥赋重，官贪吏猾，是以百姓如陷汤火，所在思乱。我等欲收民心，须托仁义。扬言大兵到处，开门纳降者秋毫无犯。在任好官，仍前任事。若酷虐人民者，即行斩首。一应钱粮，比原额只征一半，则百姓自乐归矣。"

自成悉从之。

岩密遣党作商贾，四出传言："闯王仁义之师，不杀不掠。"又编口号使小儿歌曰："吃他娘，穿他娘，开了大门迎闯王。闯王来时不纳粮。"

又云:"朝求升,暮求合,近来贫汉难求活。早早开门拜闯王,管教大小都欢悦。"

时比年饥旱,官府复严刑厚敛。一闻童谣,咸望李公子至矣……其父精白尚书也,故人呼岩为"李公子"。

巡抚尚书李精白,其名见《明史·崔呈秀传》,乃崇祯初年所定逆案中"交结近侍,又次等论,徒三年,输赎为民者"一百二十九人中之一。他和客、魏"交结"的详细情形不明。明末门户之见甚深,而崇祯自己也就是自立门户的好手。除去客、魏和他们的心腹爪牙固然是应该的,但政治不从根本上去澄清,一定要罗致内外臣工数百人而尽纳诸"逆"中，而自己却仍然倚仗近侍，分明是不合道理的事。而李岩在《芝龛记》中即因父属"逆案"乃更蒙曲笔，这诛戮可谓罪及九族了。

　　李岩既与自成合伙，可注意的是：他虽然是举人，而所任的却是武职。他被任为"制将军"。史家说他"有文武才"，倒似乎确是事实。他究竟立过些什么军功，打过些什么得意的硬战，史籍上没有记载。但他对于宣传工作做得特别高妙，把军事与人民打成了一片，却是有笔共书的。自十三年以后至自成入北京，三四年间虽然也有过几次大战，如围开封、破潼关几役，但大抵都是"所至风靡"。可知李岩的收揽民意，瓦解官兵的宣传，千真万确地是收了很大的效果。

不过另外有一件事情也值得注意，便是李岩在牛金星加入了以后似乎已不被十分重视。牛本李岩所荐引，被拜为"天祐阁大学士"，官居丞相之职，金星所荐引的宋献策被倚为"开国大军师"，又所荐引的刘宗敏任一品的权将军，而李岩的制将军，只是二品（此品秩系据《北略》，《甲申传信录》则谓"二品为副权将军，三品为制将军，四品为果毅将军"云云）。看这待遇显然是有亲有疏的。

关于刘宗敏的来历有种种说法，据上引《北略》认为是牛金星的"故知"，他的加入是由牛金星的引荐，并以为山西人（见卷二十三《宋献策及众贼归自成》条下）。《甲申传信录》则谓"攻荆楚，得伪将刘宗敏"（见《疆场裹革李闯纠众》条下）。而《明史·李自成传》

却以为"刘宗敏者蓝田锻工也",其归附在牛、李之前。自成被围于巴西鱼腹山中时,二人曾共患难,竟至杀妻相从。但《明史》恐怕是错误了的。《北略》卷五《李自成起》条下引:

一云:自成多力善射,少与衙卒李固,铁冶刘敏政结好,暴于乡里。后随众作贼,其兵尝云:我王原是个打铁的。

以刘宗敏为锻工,恐怕就是由于有这位"铁冶刘敏政"而致误(假如《北略》不是讹字)。因为姓既相同,名同一字,是很容易引起误会的。

刘宗敏是自成部下的第一员骁将,位阶既

崇，兵权最重，由入京以后事迹看来，自成对于他的依赖是不亚于牛金星的。文臣以牛金星为首，武臣以刘宗敏为首，他们可以说是自成的左右二膀。但终竟误了大事的，主要的也就是这两位巨头。

自成善骑射，既百发百中，他自己在十多年的实地经验中也获得了相当优秀的战术。《明史》称赞他"善攻"，当然不会是阿谀了。他的军法也很严。例如："军令不得藏白金，过城邑不得室处，妻子外不得携他妇人，寝兴悉用单布幕绵……军止，即出校骑射。日站队，夜四鼓蓐食以听令。"甚至"马腾入田苗者斩之"（《明史·李自成传》）。真可以说是极端的纪律之师。别的书上也说："军令有犯淫劫者立时枭磔，或割掌，或割势"（《甲申传信录》），严格的程度的确是很可观的。自成自己更很能够身体力行。他不好色，不饮酒，不贪财利，而且十分朴素。当他进北京的时候，是"毡笠缥衣，乘乌驳马"（《本传》）；在京殿上朝见百官的时候，"戴尖顶白毡帽，蓝布上马衣，躏鞹靴"（《北略》卷二十）。他亲自领兵去抵御吴三桂和满洲兵的时候，是"绒帽蓝布箭衣"（《甲申传信录》）；而在他已经称帝，退出北京的时候，"仍穿箭衣，但多一黄盖"（《北略》）。这虽然仅是四十天以内的事，而是天翻地覆的四十天。客观上的变化尽管是怎样剧烈，而他的服装却丝毫也没有变化。史称他"与其下共甘苦"，可见也并不是不实在的情形。最有趣的当他在崇祯九年还没有十分得势的时候，"西掠米脂，呼知县边大绶曰：'此吾故乡也，勿虐我父老。'遗之金，令修文庙"（《李自成传》）。十六年占领了西安，他自己还是"每三日亲赴教场校射"（同上）。这作风也实在非同小可。他之所以能够得到民心，得到不少的人才归附，可见也决不是偶然的了。

在这样的人物和作风之下，势力自然会日见增加，而实现到天下无敌的地步。在十四、十五两年间把河南、湖北几乎全部收入掌中之后，自成听从了顾君恩的划策，进窥关中，终于在十六年十月攻破潼关，使孙传庭阵亡了。转瞬之间，全陕披靡。十七年二月出兵山西，不到两个月便打到北京，没三天工夫便把北京城打下了。这军事，真如有摧枯拉朽的急风暴雨的力量。自然，假如从整个的运动历史来看，经历了十六七年才达到这最后的阶段，要说难也未尝不是难。但在达到这最后阶段的突变上，有类于河堤决裂，系由积年累月的浸渐而溃进，要说容易也实在显得太容易了。在过短的时期之内获得了过大的成功，这却使自成以下如牛金星、刘宗敏之流，似乎都沉沦进了过分的陶醉里去了。进了北京以后，自成便进了皇宫。丞相牛金星所忙的是筹备登极大典，招揽门生，开科选举。将军刘宗敏所忙的是拶夹降官，搜括赃款，严刑杀人。纷纷然，昏昏然，大家都像以为天下就已经太平了的一样。近在肘腋的关外大敌，他们似乎全不在意。山海关仅仅派了几千兵去镇守，而几十万的士兵却屯积在京城里面享乐。尽管平时的军令是怎样严，在大家都陶醉了的时候，竟弄得刘将军"杀人无虚日，大抵兵丁掠抢民财者也"（《甲申传信录》）了。而且把吴三桂的父亲吴襄绑了来，追求三桂的爱姬陈圆圆，"不得，拷掠酷甚"（《北略》卷二十《吴三桂请兵始末》）；虽然得到了陈圆圆，而终于把吴三桂逼反了的，却也就是这位刘将军。这关系实在是并非浅鲜。

在过分的胜利陶醉当中，但也有一二位清醒的人，而李岩便是这其中的一个。《剿闯小史》是比较同情李岩的，对于李岩的动静时有叙述。"贼将二十余人皆领兵在京，横行惨虐。惟制将军李岩、弘将军李牟兄弟二人，不喜声色。部下兵马三千，俱屯扎城外，只带家丁三四十名跟随，并不在外生事。百姓受他贼害者，闻其公明，往赴禀，颇为申究。凡贼兵闻李将军名，便稍收敛。岩每出私行，即访问民间情弊，如遇冤屈必予安抚。每劝闯贼申禁将士，宽恤民力，以收人心。闯贼毫不介意。"

这所述的大概也是事实吧。最要紧的是他曾谏自成四事，《小史》叙述到，《北略》也有记载，内容大抵相同，兹录从《北略》。

制将军李岩上疏谏贼四事，其略曰：

一、扫清大内后，请主上退居公厂。俟工政府修葺洒扫，礼政府择日率百官迎请大内。次议登极大礼，选定吉期，先命礼政府定仪制，颁示群臣演礼。

二、文官追赃，除死难归降外，宜分三等。有贪污者发刑官严追，尽产入官。抗命不降者，刑官追赃既完，仍定其罪。其清廉者免刑，听其自输助饷。

三、各营兵马仍令退居城外守寨，听候调遣出征。今主上方登大宝，愿以尧舜之仁自爱其身，即以尧舜之德爱及天下。京师百姓熙熙皞皞，方成帝王之治。一切军兵不宜借住民房，恐失民望。

四、吴镇（原作"各镇"，据《小史》改，下同）兴兵复仇，边报甚急。国不可一日无君，今择吉已定，官民仰望登极，若大旱之望云霓。主上不必兴师，但遣官招抚吴镇，许以侯封吴镇父子，仍以大国封明太子，令其奉祀宗庙，俾世世朝贡与国同休，则一统之基可成，而干戈之乱可息矣。

自成见疏，不甚喜，既批疏后"知道了"，并不行。

后两项似乎特别重要：一是严肃军纪的问题，一是用政略解决吴三桂的问题。他上书的旨趣似乎是针对着刘宗敏的态度而说。刘非刑官，而他的追赃也有些不分青红皂白，虽然为整顿军纪——"杀人无虚日"，而军纪已失掉了平常的秩序。特别是他绑吴襄而追求陈圆圆，拷掠酷甚的章法，实在是太不通政略了。后来失败的大漏洞也就发生在这儿，足见李岩的见识究竟是有些过人的地方的。

《剿闯小史》还载有李岩入京后的几段逸

事，具体地表现他的和牛、刘辈的作风确实是有些不同。第一件是他保护懿安太后的事。

> 张太后，河南人。闻先帝已崩，将自缢，贼众已入。伪将军李岩亦河南人，入宫见之，知是太后，戒众不得侵犯。随差贼兵同老宫人以肩舆送归其母家。至是，又缢死。

这张太后据《明史·后传》，是河南祥符县人，她是天启帝的皇后，崇祯帝的皇嫂，所谓懿安后或懿安皇后的便是。她具有"严正"的性格，与魏忠贤和客氏对立，崇祯得承大统也是出于她的力量。此外贺宿有《懿安后事略》，又纪昀有《明懿安皇后外传》。目前手中无书，无从引证。

第二件是派兵护卫刘理顺的事：

> 中允刘理顺，贼差令箭传觅，闭门不应，具酒题诗。妻妾阖门殉节。少顷，贼兵持令箭至，数十人踵其门。曰："此吾河南杞县绅也，居乡极善，里人无不沐其德者。奉李公子将令正来护卫，以报厚德。不料早已全家尽节矣。"乃下马罗拜，痛哭而去。

《北略》有《刘理顺传》载其生平事迹甚详，晚年中状元（崇祯七年），死时年六十三岁。亦载李岩派兵护卫事，《明史·刘理顺传》（《列传》一五四）则仅言"群盗多中州人，入唁曰：

'此吾乡杞县刘状元也,居乡厚德,何遽死!'罗拜号泣而去。"李岩护卫的一节却被抹杀了。这正是所谓"史笔",假使让"盗"或"贼"附骥尾而名益显的时候,岂不糟糕!

第三是一件打抱不平的事:

> 河南有恩生官周某,与同乡范孝廉儿女姻家。孝廉以癸未下第,在京候选,日久资斧罄然。值贼兵攻城,米珠薪桂,孝廉郁郁成疾。及城陷驾崩,闻姻家周某以宝物贿王旗鼓求选伪职,孝廉遂愤闷而死。其子以穷不能殡殓,泣告于岳翁周某。某呵叱之,且悔其亲事。贼将制将军李岩缉知,缚周某于营房,拷打三日而死。

这样的事是不会上正史的,然毫无疑问决不会是虚构。看来李岩也是在"拷打"人,但他所"拷打"的是为富不仁的人,而且不是以敛钱为目的。

他和军师宋献策的见解比较要接近些。《小史》有一段宋、李两人品评明政和佛教的话极有意思,足以考见他们两人的思想。同样的话亦为《北略》所收录,但文字多夺佚,不及《小史》完整。今从《小史》摘录:

> 伪军师宋矮子同制将军李岩私步长安门外,见先帝柩前有二僧人在旁诵经,我明旧臣选伪职者皆锦衣跨马,呵道经过。

岩谓宋曰："何以纱帽反不如和尚？"

宋曰："彼等纱帽原是陋品，非和尚之品能超于若辈也。"

岩曰："明朝选士，由乡试而会试，由会试而廷试，然后观政候选，可谓严格之至矣。何以国家有事，报效之人不能多见也？"

宋曰："明朝国政，误在重制科，循资格。是以国破君亡，鲜见忠义。满朝公卿谁不享朝廷高爵厚禄？一旦君父有难，皆各思自保。其新进者盖曰：'我功名实非容易，二十年灯窗辛苦，才博得一纱帽上头。一事未成，焉有即死之理？'此制科之不得人也。

而旧任老臣又曰：'我官居极品，亦非容易。二十年仕途小心，方得到这地位，大臣非止一人，我即独死无益。'此资格之不得人也。二者皆谓功名是自家挣来的，所以全无感戴朝廷之意，无怪其弃旧事新，而漫不相关也。可见如此用人，原不显朝廷待士之恩，乃欲责其报效，不亦愚哉！其间更有权势之家，徇情而进者，养成骄慢，一味贪痴，不知孝弟〈悌〉，焉能忠烈？又有富豪之族，从夤缘而进者，既费白镪，思权子母，未习文章，焉知忠义？此迩来取士之大弊也。当事者若能矫其弊而反其政，则朝无幸位，而野无遗贤矣。"

岩曰："适见僧人敬礼旧主，足见其良心不泯，然则释教亦所当崇欤？"

宋曰："释氏本夷狄之裔，异端之教，邪说诬民，充塞仁义。不惟愚夫俗子惑于其术，乃至学士大夫亦皆尊其教而趋习之。偶有愤激，则甘披剃而避是非；忽值患难，则入空门而忘君父。丛林宝刹之区，悉为藏奸纳叛之薮。君不得而臣，父不得而子。以布衣而抗王侯，以异端而淆政教。惰慢之风，莫此为甚！若说诵经有益，则兵临城下之时，何不诵经退敌？若云礼忏有功，则君死社稷之日，何不礼忏延年？此释教之荒谬无稽，而徒费百姓之脂膏以奉之也。故当人其人而火其书,驱天下之游惰以惜天下之财费,则国用自足而野无游民矣。"

岩大以为是,遂与宋成莫逆之交。

当牛金星和宋企郊辈正在大考举人的时候,而宋献策、李岩两人却在反对制科。这些议论是不是稗官小说的作者所假托的,不得而知,但即使作为假托,而作者托之于献策与李岩,至少在两人的行事和主张上应该多少有些根据。宋献策这位策士虽然被正派的史家把他充分漫画化了,说他像猴子,又说他像鬼。——"宋献策面如猿猴","宋献策面狭而长,身不满三尺,其形如鬼。右足跛,出入以杖自扶,军中呼为宋孩儿",俱见《北略》。通天文,解图谶，写得颇有点神出鬼没，但其实这人是很有点道理的。《甲申传信录》载有下列事项：

> 甲申四月初一日，伪军师宋献策奏……天象惨烈，日色无光，亟应停刑。

接着在初九日又载：

> 是时闯就宗敏署议事，见伪署中三院，每夹百余人，有哀号者，有不能哀号者，惨不可状。因问宗敏，凡追银若干？宗敏以数对。闯曰：天象示警，宋军师言当省刑狱。此辈夹久，宜酌量放之。敏诺。次日诸将系者不

论输银多寡,尽释之。

据这事看来,宋献策明明是看不惯牛金星、刘宗敏诸人的行动,故而一方面私作讥评,一方面又借天象示警,以为进言的方便。他的作为阴阳家的姿态出现,怕也只是一种烟幕吧。

李自成本不是刚愎自用的人,他对于明室的待遇也非常宽大。在未入北京前,诸王归顺者多受封。在入北京后,帝与后也得到礼殡,太子和永、定二王也并未遭杀戮。当他入宫时,看见长公主被崇祯砍得半死,闷倒在地,还曾叹息说道:"上太忍,令扶还本宫调理"(《甲申传信录》)。他很能纳人善言,而且平常所采取的还是民主式的合议制。《北略》卷二十载:"内官降贼者自宫中出,皆云,李贼虽为首，然总有二十余人，俱抗衡不相下，凡事皆众共谋之。"这确是很重要的一项史料。据此我们可以知道，后来李自成的失败，自成自己实在不能负专责，而牛金星和刘宗敏倒要负差不多全部的责任。

像吴三桂那样标准的机会主义者，在初对于自成本有归顺之心，只是尚在踌躇观望而已。这差不多是为一般的史家所公认的事。假使李岩的谏言被采纳，先给其父子以高爵厚禄，而不是刘宗敏式的敲索绑票，三桂谅不至于"为红颜"而"冲冠一怒"。即使对于吴三桂要不客气，像刘宗敏那样的一等大将应该亲领人马去镇守山海关，以防三桂的叛变和清朝的侵袭，而把追赃的事让给刑官去干也尽可以胜任了。然而事实却恰得其反。防山海关的只有几千人，庞大的人马都在京城里享乐。起初派去和吴三桂接触的是降将唐通,更不免有点类似儿戏。就这样在京城里忙了足足一个月,到吴三桂已经降清,并诱引清兵入关之后,四月十九日才由自成亲自出征,仓惶而去,仓惶而败,仓惶而返。而在这期间留守京都的丞相牛金星是怎样的生活呢?"大轿门棍,洒金扇上贴内阁字,玉带蓝袍圆领,往来拜客,遍请同乡"(《甲申传信录》),太平宰相的风度俨然矣。

自成以四月十九日亲征,二十六日败归,二十九日离开北京,首途向西安进发。后面却被吴三桂紧紧地追着,一败于定州,再败于真定,损兵折将,连自成自己也带了箭伤。在这时河南州县多被南京的武力收复了,而悲剧人物李岩,也到了他完成悲剧的时候。

> 李岩者，故劝自成以不杀收人心者也。及陷京师，保护懿安皇后，令自尽。又独于士大夫无所拷掠，金星等大忌之。定州之败，河南州县多反正。自成召诸将议，岩请率兵往。金星阴告自成曰："岩雄武有大略，非能久下人者。河南，岩故乡，假以大兵，必不可制。十八子之谶得非岩乎？"因谮其欲反。自成令金星与岩饮，杀之。贼众俱解体。
>
> ——《明史·李自成传》

《明亡述略》《明季北略》及《剿闯小史》都同样叙述到这件事。惟后二种言李岩与李牟兄弟二人同时被杀，而在二李被杀之后，还说到宋献策和刘宗敏的反应。

> 宋献策素善李岩,遂往见刘宗敏,以辞激之。宗敏怒曰:"彼(指牛)无一箭功,敢擅杀两大将,须诛之。"由是自成将相离心,献策他往,宗敏率众赴河南。
> ——《北略》卷二十三

真正是呈现出了"解体"的形势。李岩与李牟究竟是不是兄弟,史料上有些出入,在此不愿涉及。献策与宗敏,据《李自成传》,后为清兵所擒,遭了杀戮。自成虽然回到了西安,但在第二年二月潼关失守,于是又恢复了从前"流寇"的姿态,窜入河南湖北,为清兵所穷追，竟于九月牺牲于湖北通山之九宫山，死时年仅三十九岁（一六〇六～一六四五）。余部归降何腾蛟，加入了南明抗清的队伍。牛金星不知所终。

　　这无论怎么说都是一场大悲剧。李自成自然是一位悲剧的主人，而从李岩方面来看，悲剧的意义尤其深刻。假使初进北京时，自成听了李岩的话，使士卒不要懈怠而败了军纪，对于吴三桂等及早采取了牢笼政策，清人断不至于那样快地便入了关。又假使李岩收复河南之议得到实现，以李岩的深得人心，必能独当一面，把农民解放的战斗转化而为种族之间的战争。假使形成了那样的局势，清兵在第二年决不敢轻易冒险去攻潼关，而在潼关失守之后也决不敢那样劳师穷追，使自成陷于绝地。假使免掉了这些错误,在种族方面岂不也就可以免掉了二百六十年间为清朝所宰治的命运了吗?就这样,个人的悲剧扩大而成为了种族的悲剧,这意义不能说是不够深刻的。

大凡一位开国的雄略之主,在统治一固定了之后,便要屠戮功臣,这差不多是自汉以来每次改朝换代的公例。自成的大顺朝即使成功了(假使没有外患,他必然是成功了的),他的代表农民利益的运动早迟也会变质,而他必然也会做到汉高祖、明太祖的藏弓烹狗的"德政",可以说是断无例外。然而对于李岩们的诛戮却也未免太早了。假使李岩真有背叛的举动,或拟投南明,或拟投清廷,那杀之也无可惜,但就是谗害他的牛金星也不过说他不愿久居人下而已,实在是杀得没有道理。但这责任与其让李自成来负，毋宁是应该让卖友的丞相牛金星来负。

三百年了，种族的遗恨幸已消除，而三百年前当事者的功罪早是应该明白判断的时候。从种族的立场上来说，崇祯帝和牛金星所犯的过失最大，他们都可以说是两位种族的罪人。而李岩的悲剧是永远值得回味的。

一九四四年三月十日脱稿

【附识】此文以一九四四年三月十九日在重庆《新华日报》上刊出，连载四日。二十四日国民党《中央日报》专门写一社论，对我抨击。国民党反动派的尴尬相是很可悯笑的。

《剿闯小史》跋①

①本文作于1944年1月,初载1944年重庆说文出版社初版《剿闯小史》,又名《李闯小史》,署名郭鼎堂。《剿闯小史》,共十卷,起《李公子民变聚众》,止《吴平西孤忠受封拜》,记叙地主汉奸镇压李自成领导农民起义的平话小说,为研究明史提供了不少可贵的资料。作者不详。清初列为禁书。——编者注

《剿闯小史》抄本十卷，殆前清乾隆年间所抄录，其中玄铉胤弘历等字均避讳[①]缺笔，而颙宁佇恬等字则否，即此可证。胤字有三处未缺笔，二处缺笔，盖抄时误带也。

书名未能一致。里扉面作《李闯贼史》，叙文标题作《剿闯小说》，正文各卷标题前五卷作《剿闯小史》，后五卷作《諴闯小史》，

---

① 封建时代对于君主和尊长的名字，为示尊敬，避免说出或写出而改用他字。——编者注

卷尾复作《孤忠吴平西勘闯小史》。作者署名亦前后歧异。据"西吴九十翁吴竞氏"所作序,称"遇懒道人从吴下来,口述此事甚详,因及平西剿贼事,娓娓可听。大快人意,命童子援笔录之",则是"懒道人口述",而所谓"童子"者笔录。前五卷各卷卷首标题之次即署"吴下懒道人口授",但于第六卷则署为"润州葫芦道人避暑笔,龙城待清居士漫次评"。今观其前五卷专叙北方事,确出传闻,而后五卷则摭拾文告与南都事以续成之,一录一笔颇为了然。各卷每多附录,赞诗按语杂厕其间,与正文不相连贯。懒道人为谁,恐不易考,而所谓葫芦道人者盖即第八卷"感时事侠客上书"中之"毗陵匡社友人龚姓讳云起字仲震"其人。毗陵今之武进,古属润州。第四卷末按语中又作"延陵龚仲震",附录其哭降文。第二卷末附"五月十六日恭闻哀诏代当代名公挥泪移文",末署龚云起。则所谓无竞氏,葫芦道人,乃至第九卷首之五洲道士,殆均此龚姓者所化名耳。此人乃秀才未第,牢骚满腹,而迂狂之气,颇跃跃于纸上。

书中盛称吴三桂,但拥护南朝,而称满人为"虏"或"鞑子"。写作时代大抵在甲申乙酉之间,南朝新建,满廷尚未十分露其毒焰时也。作为平话小说,实甚拙劣,但可作为史料观。观其所纪,与《明季北略》多相符,后书似尚有录取本书之处,如李信谏自成四事及与宋献策论明制科之不足以得人才等节,几于一字不易,而《北略》颇有夺字夺句。又与明史流贼传则大有出入,流贼传绳伎红娘子救李信出狱事，最宜于做小说材料，而本书则无之，足证本书之成实远在明史之前也。

书在当年或曾刊行，叙文曰："兴文馆请以付梓，而余为叙数行于首"可以为证。或未及刊行，仅有抄本流传亦未可知，而本抄则当为转录，决非初本无疑。抄中错字甚多，脱落亦所在多有，几难句读。如羽书误为"洞书"，袭异误为"裘异"，淆惑误为"济感"，眼窝误为"翌富贵"之类，均出人意表。今为校读一过，其确然知其讹误者，订正之，并略施标点，以便籀读。但其可疑而无由推其原文者均仍旧，以待识者。

关于李岩

① 本文作于1946年2月，选自人民出版社2004年版《甲申三百年祭》。——编者注

前年（一九四四）我曾写《甲申三百年祭》一文，关于李岩与红娘子的逸事有所叙述，颇引起读者的注意，但因参考书籍缺乏，所述亦未能详尽。

特别关于李岩，我对他有一定的同情。他以举人公子身份而终于肯投归李自成，虽说是出于贪官污吏的压迫，但在他的思想上一定是有相当的准备的。查继佐的《罪惟录》里面有极重要的这么一句："李岩教自成以虚誉来群望，伪为均田免粮之说相煽诱"（《传三十一·李自成》）。"均田"两个字是其他的资料所没有的，虽然仅只两个字，却把李岩的思想立场表示得十分明白。这足证明李岩确不是一位寻常的人物。可惜运动失败，关于这种思想上的更详细的资料，恐怕无从获得了。

无名氏《梼杌近志》中亦有李岩遗事一则，言其夫人汤氏劝李岩不得，自缢而死，死时尚有绝命词一首。这倒是绝好的戏剧或小说的材料，我把它补抄在下边。

> 崇祯末，流寇四起，绳妓红娘子乱河南，虏杞县举人李信（李岩原名）去，强委身事之。信不从，逃归。有司疑信，执下狱。红娘子来救，城中

民应之，信仍归红娘子。遂与李自成约为兄弟，决意为逆。李信妻汤氏劝不听，缢于楼，面色如生，未识何时死。乃出约队，复入殓之，得绝命词一首云："三千银界月华明，控鹤从容上玉京，夫婿背侬如意愿，悔将后约订来生。"信得诗，大恸欲绝。

这大约有所根据，不是出于虚构。即便是出于虚构，也觉得是很有趣味的材料。

吴梅村的《鹿樵纪闻》，也提到李岩、红娘子，但很简略，与《明史·李自成传》中所述无甚出入，或且即为《明史》所本。

照《梼杌近志》看来，李岩与红娘子是成为了夫妇的。红娘子的后事是怎样，可惜无从知道。近见苏北出版社的平剧《九宫山》（击楫词人试编），主要是根据《甲申三百年祭》改编的。作者让红娘子劫狱之后，向李岩求婚不遂，遂拔剑自刎。这虽然也是一种处理法，但觉得未免太干脆了。主要该由我负责，因为在我写《甲申三百年祭》时还没有见到《梼杌近志》。

我自己本来也想把李岩和红娘子的故事写成剧本的，酝酿了已经两年，至今还未着笔。在处理上也颇感觉困难。假使要写到李岩和牛金星的对立而卒遭谗杀，那怕是非写成上下两部不可的。

《历史人物》序（节选）[1]

[1] 本文创作于1947年7月21日，选自人民出版社1982年版《郭沫若全集·历史编》第4卷。——编者注

《甲申三百年祭》是曾经引起过轩然大波的一篇文章。主要的原因就是因为我同情了农民革命的领导者李自成，特别是以仕宦子弟的举人而参加并组织了革命的李岩，这明明是帝王思想与人民思想的斗争，而这斗争我们还没有十分普遍而彻底地展开。

关于李岩，我们对于他的重要性实在还叙述得不够。可惜关于他的资料是毁灭了，我们可以坚决地相信，他一定是一位怀抱着人民思想的人，须知他是主张"均田"的。惟其这样、所以他能够与李自成合伙，他的参加农民革命是有他自己的在思想上的必然性，并不是单纯的"官激民变"。

认识了李岩的这层重要性，我们请把他和约略同时的一些学者或思想家来比较一下吧。例如顾炎武在前是被视为承先启后的一大鸿儒，特别被人尊重的是他有民族思想，他不受清廷的羁縻，而且还有组织地下运动的传说。但他对于李自成是反对的，可以证明他只有民族思想而无人民思想。

又例如王船山，他在思想史上的重要性近来是够被强调着，骎骎乎驾诸顾炎武之上了。他的民族思想也异常强烈，曾参加南明的抗清斗争，明亡隐于苗洞，坚苦著书，书也到了两百年后才为曾国藩所刊行。这些往事的确足以增加人对于他的尊敬。然而在我看来，他也只富于民族气节而贫于人民思想。

这儿有这么一段事实。张献忠到了湖南，慕王船山的大名，特别礼聘他，请他参加他的队伍。王船山躲起来了，不肯和"草寇"合流。张献忠使用绑票的方式把王船山的父亲捉了来，要挟他。弄得王船山没法，只好毁伤自己，被肩舆抬着去见张献忠。张献忠看他那样固执，便把他父子一同释放了。据这个故事看来，我们可以了解张献忠也并不如一般传说所讲的那么糊涂，而王船山的固执倒是可以惊人的。请把这种态度和李岩比较一下怎样呢？李岩不是可以更令人向往的吗？

我本来想把李岩写成剧本的，但没有成功。

已经有好些朋友把《甲申三百年祭》写成剧本了,可以省得我费事。不过我还有一种希望,我们应该把注意力的焦点,多放在李岩的悲剧上。这个人我们不要看他只是一位公子哥儿的读书人,而是应该把他看成为人民思想的体验者、实验者。虽然关于他的资料已经遭了湮灭,在思想史上也应该有他的卓越的地位的。

甲申事变——明末亡国的历史[①]

《新华日报》

[①] 原载于1944年3月20日《新华日报》。——编者注

明王朝从一三六八年朱元璋开国以来，经过二百多年的统治，内忧外患都发展到了极点。到了甲申年（一六四四）年初的形势是这样的：一方面满清的军队已经完全占领了山海关以外的土地，虽然山海关有明军扼守，一时攻不进来，但它绕道察哈尔，侵入了长城线内，已曾屡次窜扰到国都—北京附近。另一方面，由各地饥饿的农民汇集而成的起义队伍已经声势浩大，张献忠所领导的农民队伍已经由湖南湖北进入了四川，李自成所领导的农民队伍则由河南破潼关而占领了西安，就以之为根据地，并已定下行军规制，成为有组织有纪律的军队了。

明政权所遭遇到的这两方面的大敌，其实都是明政权本身的腐败所造成的。

原来当时的满清并不像我们今日所遇见的日本帝国主义那样是一个久经成熟的侵略势力。满清本是臣服于明的一个落后的小部落，从它开始建国以来只才经过三十多年，最初的军力不足二万人，然而明朝对付满清始终只能采取守势，并且着着失败，节节撤退。比较有办法的守将在稍建功勋后却都在朝廷的派系斗争中被政府革职的革职，杀戮的杀戮，而政府所重用的将军却都一个个投降了满清，大大增强了满清的力量。其中最有名的就是洪承畴，他本来是领兵进剿农民起义的，曾和李自成苦战了五六年，但一遇到满清，就率领十三万大军一起投降了。

这种对外战争的失败正是明政权本身腐败的反映。明代用八股文考试来选用忠实的官僚，以求束缚全国人的心智，结果却使整个官僚机构贪污无能到极点，明代又通过官僚系统来组织和控制全国的军队，结果却使军队腐败涣散到极点，明代又特别加强皇帝的权力来巩固中央集权，结果却使实际政权落到了不学无术的太监手里，因为只有他们最能接近皇帝。

这种政治上的腐败现象自然就更加深了对农民的剥削，因而激起了普遍的农民起义。统治者眼看着它一天天蔓延，无法收拾。用那无能的军队去进剿，只似火上加油！

明代政权给自己造成了这两个敌人，却显然无力同时对抗这两个敌人。那么它是否可以联合农民的力量来一致对外呢？固然当时的农民大众，是为了生活上的直接压迫而起来斗争的，不可能考虑到外族入侵的危机。但明代统治者却也没有认真考虑过这一问题。事实上，那样的地主官僚的专制主义政权，要来采取一些有效的办法缓和国内的社会矛盾是办不到的事，而且它既已革杀了好几个人民所共知的真正抗清的名将，它更已完全失掉了人民对它的信心。因此当时朝廷中虽也有人提出"招揽流寇"的意见，却并不被采用，而朝廷所考虑的只是可否对满清讲和的问题。在甲申年以前六七年间，从皇帝以下以至许多有力的大臣与将军都已倾向于对满清讲和，并且已经在实际上向满清试探进行了。但是一方面满清并无讲和的诚意,它已看出这时正是夺取中国政权的好机会;另一方面在那样情势下,明代统治者到底不敢公开主和,因为假如讲得妥,可以全力进攻叛乱的农民固然好,但讲得不妥,那就一定更加速自己的崩溃。

这一切内外矛盾的交集无法解决就使甲申的悲剧不可避免。但挽近却有人评论当时的时势说:"其时对流寇常以议抚误兵机,对满洲又因格于廷议不得言和,遂致亡国。若先和满,一意剿贼,尚可救亡。"其实,明政权在当时既不能解除他自己和农民间的矛盾,就已完全没有救的了。

明亡的命运是确定的了。问题只是起义的农民和入侵的满清,谁先到北京。结果是李自成抢了先。他的军队势如破竹，通过山西直扑近畿。这时给皇帝朱由检看守北京城只有些太监率领的军队，这种军队当然不值一击。朱由检在用刀杀死了他的妃子，又砍断了他的女儿的一支胳臂后，自己也吊死在煤山上了。一六四四年三月十九日，李自成进了北京。

这时镇守山海关的明朝将军吴三桂，所统兵号称五十万，本来是负责抗清的，却突然调过头来，亲自跑出关去，用"为国讨贼"的名义把满洲兵请了进来，双方合力回攻北京。结果固然使李自成在北京没有住满两个月，在四月二十九日就被迫弃城而去。但满清却从此盘踞北京不肯再走了。

我们应该说，吴三桂的举动，其实是实现了明代要做而不敢做的一个政策——联合满清剿灭"流寇"的政策——所以在满清已经在北京称帝之时,立国于南京明代的福王居然还派使臣北上答谢满清替明朝打退"流寇"之功,并且还进封那在实际上已经做了满清臣子的吴三桂做蓟国公。

至于甲申以后的情势,这里也得简单地叙一下。明朝的宗室仍在南方建立了流亡政府(所谓南明),也还拥有相当的实力,而李自成的力量还保陕西,实际的形势也促成他们反抗外寇的决心。到这时形势的确一变,不是明政权为了巩固自己,遭遇两方面的敌人;倒是满清政权为了要能统治全中国,必须遭遇两方面的敌人了。但是曾经是明政权所不能解决的问题,满清统治者却解决了。它先用合力对付农民军队来诱惑、麻痹南明统治者,然后在消灭了陕西的李自成军队后却长驱南下，消灭南明的力量。南明政权先后流亡各处，虽然还支持了近三十年，而南方反清的人民斗争也表现了非常可歌可泣的场面，但明政权之终于不能振兴，仍是由于它既曾不惜勾引外寇来扑灭人民的武力，就再也不能真正地和广大人民的力量结合在一起去反抗外族了。而杀死最后一个南明皇帝的却正是那位蓟国公吴三桂！

甲申事变及当时统治者的政策决定了明王朝的崩溃。明的崩溃固不足惜，但由于朱由检、吴三桂、洪承畴的罪行，使得中国人民继续在专制主义的异族统治下做了二百六十年的奴隶，而使得中国社会的向前发展更多经过了一度波折，更多遭受了许多苦难，却是我们在三百年后读史之时，尤不能不感到愤慨的。

转载《甲申三百年祭》编者按[1]

《解放日报》

[1] 原载于1944年4月18日《解放日报》。——编者注

郭沫若先生这篇名震一时的文章，原发表于三月十九日至二十二日重庆《新华日报》，因为最近才收全，到今天才能在这里转载。在这篇论文里，郭先生根据确凿的史实，分析了明朝灭亡的社会原因，把明思宗的统治与当时农民起义的主将李自成的始末作了对照的叙述和客观的评价——还给他们一个本来面目。郭先生虽然推翻了流俗关于李自成等的无知胡说，但是对于他的批评也是极严格的。不过无论如何，引起满清侵入的却不是李自成而是明朝的那些昏君、暴君、宦官、佞臣、不抵抗的将军，以及无耻地投降了民族敌人引狼入室的吴三桂之流（吴三桂在后来又"变卦"了，而且真的变卦了，不像现在有些吴三桂们，表面上"反正"了，实际上还在替日本主子服务）。李自成的部下，后来继续抵抗清兵，他的侄子李过还被明隆武帝赐名赤心，永历帝封为兴国侯。这些事实，当然是那群歌颂满清曾胡的战败亡国主义者所不敢提的。郭先生在他的文章里充满了爱国爱民族的热情，但是他究竟只是在科学地解说历史，没有去想着居然有以吴三桂阮大铖自拟的人们来向他狂吠一通，而且居然还抬出恩格斯，说什么"恩格斯在其所著的《德意志农民战争》一书里，盛称一八四八年巴黎公社，一方面发动了社会革命，一方面到处标出'杀死强盗'的口号。"可怜可怜！一下子就暴露了三种愚蠢：第一，恩格斯的《德国农民战争》是一部什么书？他难道不是比郭沫若更热烈地赞扬了十六世纪德国的李自成李岩，更热烈地攻击了十六世纪德国的封建地主和农民的叛徒马丁路德么？第二，在世界历史上有过什么一八四八年的巴黎公社？恩格斯在《德国农民战争》哪一章哪一节讲过这个怪物？第三，恩格斯在《德国农民战争》的第一版序言中确是说过："法国工人在革命的过程中曾经在许多房屋上写着……杀死盗贼！并且枪毙了很多，他们干这件事，不是出于保护财产的热心而是正确地认识这种人有剿灭的必要。"可是要晓得这篇序言是在一八七〇年写的，这